...HÈQUE L. CURMER.

ENSEIGNEMENT

MORAL.

PHILIPPE LE BATELIER,

Par M. CLÉMENT D'ELBHE.

Adopté par l'Association pour l'Éducation populaire.

10 centimes.

PARIS.

...RAIRIE L. CURMER,

... de Richelieu, 47, AU PREMIER.

1849

BIBLIOTHÈQUE L. CURMER.

ENSEIGNEMENT MORAL.

PHILIPPE LE BATELIER,

Par M. Clément d'Elbhe.

Adopté par l'Association pour l'Éducation populaire.

> La République doit mettre à la portée de chacun l'instruction indispensable à tous les hommes,
>
> *(Constitution de 1848.)*

PARIS.

LIBRAIRIE L. CURMER,

rue de Richelieu, 47, AU PREMIER.

1849

ASSOCIATION
POUR L'ÉDUCATION POPULAIRE.

L'Association pour *l'éducation populaire*, sur le rapport de son comité de rédaction, approuve l'impression de PHILIPPE LE BATELIER, par M. Clément d'Eibhe.

Paris, le 19 octobre 1849.

Pour ampliation,
BLOCK,
Secrétaire général.

Le Président,
D'ALBERT DE LUYNES.

La **Bibliothèque L. Curmer** est destinée à enserrer dans un vaste réseau de publications *tout* ce qui touche à l'ENSEIGNEMENT UNIVERSEL, à l'ENSEIGNEMENT MORAL et à l'ENSEIGNEMENT ÉLÉMENTAIRE. Sous le premier titre, elle abordera toutes les questions qui dérivent de la Constitution; sous le deuxième, elle comprendra une série d'histoires et de récits instructifs et amusants; sous le troisième, elle donnera des notions de toutes les sciences.

Elle fait un appel à l'*intelligence*, en la conviant à répandre ses bienfaits sur tous ceux qui ont besoin d'apprendre; à la *richesse*, en l'engageant à populariser ces petits écrits et à les distribuer avec la profusion qu'ils méritent par leur but et leur importance; aux *travailleurs*, en leur offrant un moyen sûr et peu dispendieux d'acquérir sans peine toutes les connaissances qui forment l'homme et le citoyen.

Ces petites publications coûteront 10, 20, 30, 40 et 50 centimes, selon le nombre de feuilles de 32 pages, et celui des gravures qui serviront à l'explication du texte.

Paris. — Imprimerie de Bios, rue Monsieur-le-Prince, 29 bis.

PHILIPPE LE BATELIER.

— Eh bien, monsieur et madame, nous dit Philippe, puisque vous voulez savoir pourquoi je suis batelier, au lieu d'être charron, comme l'était mon père, je vais vous le dire :

Je suis natif du village de Mantes-la-Ville, situé près de la jolie ville de Mantes, où nous allons arriver tout à l'heure. Mon père, bon travailleur, habile dans son état, et vivant de peu, avait amassé du bien. Il demeurait dans une maison à lui, mangeait les fruits de son jardin, se nourrissait du blé de ses champs, et buvait du vin de ses vignes. J'étais son unique enfant, venu tard sur son retour d'âge ; il s'était marié à quarante-cinq ans passés, n'ayant pas voulu quitter sa mère ni mettre une autre femme que la bonne vieille maîtresse dans la maison.

Aussitôt ma naissance, mon père, fier et heureux d'avoir un garçon, apporta mon berceau dans sa boutique et ne me quitta plus des yeux. Dès que je pus marcher, il s'empara de moi tout à fait. Quand je n'étais pas à côté de lui, assis par terre contre son ouvrage, ou accroché à son tablier de cuir, on me voyait hissé sur ses épaules ou porté dans ses bras. Bientôt il me mit ses outils dans les mains et m'apprit lui-même son métier.

A dix-huit ans, grand et fort comme me voilà, je pouvais aussi bien que lui ajuster une roue, monter un train, et faire tout ouvrage de notre état. En outre, je savais lire, écrire et compter, ce qui me rendait bien utile dans la maison. Je n'étais pas comme les autres jeunes gens, qui aiment à courir et qu'on voit toujours hors du logis. Je n'allais pas souvent plus loin qu'à deux ou trois portes de chez nous, dans la même rue, chez les voisins Malesvres. J'aimais mieux être là que partout ailleurs, à cause de Suzanne. J'y passais au moins une heure tous les jours, et c'était tout mon plaisir. J'étais content aussi de me promener en causant avec mon père dans l'île près du vieux pont, au bord de la Seine, le long des saules ou dans les prairies qui bordent ne pourra fourrer le nez. A ton retour, je te laiserai la boutique; tu te marieras, et je me reposerai. Donc, plus tôt tu partiras, mieux cela vaudra, car plus tôt tu reviendras.

Et je partis, le cœur bien gros, engagé volontaire dans le train d'artillerie, vu que je connaissais le charronnage.

Tout d'abord, on nous mena en Espagne. Dans les premiers temps, je reçus exactement des nouvelles de chez nous. Mon père me faisait écrire par les amis, une fois par Suzanne, puis ce fut tout; je ne reçus plus rien. Ce n'était pas étonnant, nous changions si souvent de place! La poste l'aurait eu belle de courir après nous de Pampelune à Séville ou de Valence en Estramadure.

A cela près, malgré nos misères de soldat et quoique le cœur fût toujours au pays, j'étais content de mon sort. Je faisais mon devoir, et le temps passait. Je devins brigadier, fourrier, maréchal des logis, et la fin de mon engagement arriva. J'aurais bien voulu m'en revenir chez nous; mais nous étions au plus fort de la guerre, la déroute commençait, il ne s'agissait pas de quitter son drapeau. Et puis il y avait un camarade, natif aussi de Mantes-la-Ville, dont le père était plus vieux que le mien et pauvre; le métier de soldat l'ennuyait et l'éloignement du pays le rendait tout pâle de tristesse; je me rengageai à sa place. Mais voilà qu'à la prise du château de Villena par Suchet, une balle que je reçus dans la poitrine me donna mon congé avec la croix d'honneur. Je restai à moitié mort dans la ville pendant long-temps, et j'eus bien de la peine à revenir jusqu'à Bayonne, où je passai six mois à l'hôpital. Enfin, je me mis en chemin pour le pays.

Ah! c'est alors que je fus heureux. Quelle belle route je fis! Je voyais devant moi, au bout du chemin, la bonne vieille figure vénérable de mon père qui m'attendait. Je me représentais le moment où j'entrerais dans la maison. — Gageons, me disais-je, qu'a-vec mes moustaches, mes galons et ma croix, il ne me reconnaîtra pas? Il me saluera poliment en ôtant son bonnet de laine. D'ha-bitude il souhaite la bien-venue avec de bonnes paroles aux étrangers qui s'arrêtent à sa porte; mais en voyant un uniforme du train d'artillerie, il deviendra tout empressé; il m'offrira d'entrer et de me rafraîchir. Moi, sans parler, je m'assiérai bien vite, car les jambes me trembleront. Peut-être que Suzanne, en voyant de loin un militaire chez nous, viendra pour savoir quelque chose; et pendant que ma mère tirera les verres de la grande armoire, mon père me demandera si par hasard je ne reviens pas de l'Espagne, si je n'y aurais pas connu son fils Philippe, et si je peux lui en donner des nouvelles. — Oui, répondrai-je avec une grosse voix, j'en apporte des nouvelles... Et voilà qu'en m'entendant parler, ma mère jetera un cri; mon père, tout tremblant, me regardera, et tout d'un coup, en pleurant, il me tendra les bras; et moi, avec Suzanne pendue à mon cou, mon vieux père et ma mère sur mon cœur, je serai...

— Pardon, monsieur et madame, si la voix me manque. Ah! c'est que, voyez-vous, c'est bien cruel! Mon père était mort, monsieur; mon pauvre vieux père! qui eût été si heureux de mon retour, de mes galons, de ma croix!... Il était mort juste un an après mon départ, et avec lui tout mon bonheur s'en était allé de ce monde. Ma mère s'était remariée. Oui, monsieur ; ma mère ! la femme de mon brave homme de père ! elle s'était remariée !...

Quand elle me présenta son gros blond joufflu, qui n'est guère plus âgé que moi, tout tourna sous mes yeux comme lorsque je reçus ma balle. Et ce n'était pas tout encore. Ma mère alla prendre derrière la porte, où elle s'était cachée, une petite fille de cinq ans. Elle la planta devant moi en me disant : — Voilà ta sœur, embrasse-la !

Mais la vue de cette petite acheva de me porter un coup, car je compris que mon père avait été oublié bien vite. Je me levai, je sortis de la maison, je m'en allai de porte en porte chez d'anciennes connaissances !...

Mon Dieu ! Suzanne aussi n'y était plus. Elle était partie en service à Meulan, d'où ses maîtres l'avaient emmenée à Paris, et depuis longtemps elle n'écrivait plus à sa mère.

Le soir de ce jour de malheur, la fièvre me prit, et je dus rester deux mois malade dans cette maison où j'avais tant désiré revenir, et où je trouvais tant de sujets de peine.

Voilà, monsieur et madame, comment les leçons nous arrivent ; n'en est-il pas de même à peu près partout et pour tout le monde ? On se réjouit, on est heureux, ou bien on espère de l'être ; et subitement le malheur tombe sur votre tête et le chagrin dans votre cœur, sans que vous ayez rien fait pour cela ; ou bien encore on part, on meurt, et on est vite oublié de ceux dans lesquels on avait placé son affection. Ah ! c'est un triste monde que le nôtre, et si on n'avait point la consolation de faire par ci par là un peu de bien aux autres, ce serait à s'en aller dans l'autre tout de suite, et par le plus court chemin.

C'est là ce que je me répétais pendant ma maladie. Ma mère, occupée aux vignes, n'avait pas grand temps pour me soigner ; elle chargeait la petite de m'apporter ma tisane. L'enfant s'habitua bien vite à moi, elle en vint à ne plus me quitter ; si bien que j'aurais fini par l'aimer, quoiqu'elle ne fût pas la fille de mon père. Dame ! elle n'était cause de rien, la pauvre petite innocente !

M. le curé venait aussi me voir. C'était un homme de bien ; il avait des idées raisonnables et des réflexions justes sur toutes choses ; il causait avec moi, et je l'écoutais volontiers.

Quand je fus hors de danger, ma mère le pria de me parler pour savoir ce que je voulais faire.

J'étais riche ; tout le bien de mon père me revenait. N'avait-il pas arrangé mes affaires pour le cas où il lui arriverait malheur, comme il me le dit lui-même avant mon départ ! La maison était à moi, et encore de jolies vignes aux champs.

— Et ma mère, demandai-je au curé, qu'est-ce qu'elle a ?

— Pas grand'chose, me répondit-il ; votre père l'a épousée sans dot, et ne lui a rien laissé. Le père et la mère de son nouveau mari vivent encore et ont peine à gagner leur vie.

— Alors, repris-je, çà doit bien les gêner que je sois revenu ?

— C'est selon ce que vous ferez. Si vous restez dans le pays, votre mère vous rendra votre bien et s'en ira.

— Et où ira-t-elle ?

— Elle parle d'entrer en service avec son mari.

— Et la petite ?

— C'est le plus embarrassant. Je crois cependant que je pourrai la placer à Mantes chez les sœurs de l'hôpital. Mais, dans tous les cas, votre mère ne pourra vous rendre ce qu'elle vous doit.

— Elle me doit donc quelque chose ?

— Sans doute. Elle a vécu sur votre bien depuis la mort de votre père.

— Je comprends. Et si je m'en vais ?

— Ah ! si vous vous en alliez, ce serait différent. Elle resterait ici, si vous y consentiez, en vous payant le loyer de la maison, des terres et des vignes.

— Alors, c'est bien clair. Elle aime mieux que je m'en aille ?

— Il y aurait bien, dit-elle, un moyen d'arranger les choses. La maison est assez grande pour deux ménages, et si vous vouliez vous marier....

— Me marier !... Et avec qui, s'il vous plait ?

— Il y a la sœur de votre beau-père...

— Oui dà ! c'est là qu'on en veut venir ! Ils me croient donc aussi sans cœur qu'eux-mêmes ?

— Mon enfant !...

— Pardon ! M. le curé, mais depuis deux mois j'ai vu, j'ai entendu et compris des choses qui m'ont fait bien du mal... Je m'en irai, puisque mon départ arrange tout le monde ; dites à ma mère que je partirai.

Le lendemain, quand il s'éveillèrent, j'étais parti, mais sans oser regarder derrière moi, tant il m'en coûtait de quitter encore le toit sous lequel mon bon père avait vécu et où il était mort.

Ne sachant pas trop ce que j'allais devenir, je pris le premier chemin venu. Je marchai droit devant moi, et j'arrivai à Rouen. La fièvre m'y rattrapa, et j'y fis encore quatre mois de maladie. Enfin cependant, je finis par prendre le dessus.

Le pire, voyez-vous, c'était l'ennui. Grâce à mon bon vieux père, je n'avais pas besoin de travailler. Je me faisais faire la rente d'une moitié de mon bien ; l'autre restait à Mantes-la-Ville. On m'adressait ma part chez un notaire de Rouen : de cette façon j'étais plus libre. J'avais en outre ma pension de la Légion d'Honneur. Je me trouvais donc à mon aise; mais tout seul au monde!... Ah! c'est ça qui vous ôte le courage!

— Mais Suzanne, dit ma femme, qui écoutait Philippe avec un grand intérêt, n'aimiez-vous donc plus Suzanne? Pourquoi ne pas aller la chercher à Paris?

— Oui, répartit tristement Philippe, pour trouver qu'elle m'avait oublié aussi, n'est-ce pas? Ma mère a bien oublié mon père après avoir vécu avec lui vingt années de bon ménage. Avec çà on disait de Suzanne des choses que j'aimais mieux ne pas savoir vraies, Non, non, madame; je n'avais pas besoin de courir après cette nouvelle peine.

Enfin j'étais seul, et tout cela fait que, sans le souvenir de quelques bonnes paroles que le curé m'avait dites pendant ma maladie, je me serais laissé aller jusqu'au fonds de la rivière, et je n'en serais pas revenu

A Rouen, je passais ma vie sur le quai. J'y fis des connaissances. Les camarades m'entraînèrent, et de santé en santé, de petit verre en petit verre, je devins ivrogne. Oui, monsieur, je devins ivrogne.

Voilà ce que c'est que l'oisiveté; on a beau dire, voyez-vous, l'oisiveté est contraire à l'homme. C'est comme un poison qui engourdit et détériore le moral. L'oisiveté nous perd, nous autres hommes, parce qu'elle change notre force en faiblesse, et notre propre valeur en dégradation. J'étais riche; habitué au travail dès mon enfance, je n'avais plus rien à faire, çà devait immanquablement me conduire à mal.

Un soir, on me ramassa ivre mort dans la rue, et on me conduisit au poste. Quand je me réveillai dans la petite prison du corps de garde, et que je me vis là..... Moi! le fils de mon respectable père! Moi, ancien soldat qui n'avais jamais été puni! Et avec ma croix d'honneur toute couverte de boue!... La honte, la colère me prirent; j'arrachai mon ruban d'honneur, ma belle croix reçue sur le champ de bataille. Depuis ce mauvais jour de malheur, je ne les ai plus portés; je n'en étais plus digne. Cela fait, je courus au quai, décidé... à faire des sottises, quoi!

Mais voilà qu'en approchant de la rivière comme un fou furieux que j'étais, j'entends des cris. On faisait des hélas et des plaintes... C'était un marinier qui venait de se laisser tomber en chargeant un bateau. Pris entre le bordage et le quai, on le sortait de l'eau avec un bras et une jambe écrasés. Il avait une femme et quatre enfants, l'heureux coquin! Mais sans lui, sans son travail, femme et enfants allaient tomber dans la misère.

Voilà ce qu'on disait dans les groupes assemblés au bord de l'eau. Les femmes qui avaient vu emporter le blessé pleuraient et les hommes en étaient pâles.

Une idée me vint qui fit sur moi l'effet d'un beau soleil apparaissant au milieu du brouillard. Je suivis le blessé à l'hôpital. Quand il put m'entendre, je lui dis que j'étais un ouvrier sans ouvrage, et je lui proposai de me louer à lui pour travailler sur sa barque, à son compte, jusqu'à ce qu'il fût guéri. Dieu merci, il accepta. Le marché conclu avec lui, je voulus voir sa femme pour la tranquilliser un peu.

Elle était bien affligée. Assise au milieu d'une triste chambre où il n'y avait guère de meubles, elle serrait contre son cœur avec des sanglots ses quatre pauvres petits enfants. En les voyant, je restai saisi. La femme avait l'air fatigué et maladif; sa figure était hâve, et son corps amaigri. Les enfants étaient chétifs comme ceux qui manquent d'air ou de bonne nourriture; leurs pauvres petits visages maigres et couverts de larmes, qu'ils tournèrent vers moi à mon entrée, me troublèrent si bien le cœur que je ne savais plus que dire.

Cependant, chemin faisant, l'envie m'était venue d'acheter leur barque pour leur faire un peu d'argent comptant. J'en proposai donc un bon prix à la femme du marinier. Elle me la céda; mais à la condition que son mari ne saurait pas le marché avant qu'il ne fût guéri. — Il ne pourra jamais plus se servir de la *Belle-Jenny*, dit-elle; je peux donc bien vous la vendre, mais sans qu'il le sache; il tient à son bateau, vu que c'est une barque de famille, et il n'a pas besoin d'un nouveau chagrin dans ce moment.

Ainsi j'étais propriétaire du bateau *la Belle-Jenny*. J'appris des camarades à nager, à godiller, à tirer à la corde, etc.

et je commençai mes voyages en rivière.

Voilà, monsieur et madame, comment je suis devenu batelier, au lieu d'être resté charron comme l'était mon père.

— Et le blessé, demandai-je à Philippe, l'avez-vous été revoir ?

— A quoi bon ? Il n'a pas tant besoin de mes visites que de mon travail. Quand il sortira de l'hôpital, il aura un bras et une jambe de moins, ce qui ne lui donnera guère l'allure et la facilité de gagner la vie de six personnes. Il faut lui préparer d'avance du pain sur la planche.

— Lorsque je retournerai à Rouen, reprit ma femme, j'irai le voir de votre part. Comment s'appelle-t-il ?

— Ma foi, je n'en sais rien. Pour le notaire qui lui fait passer l'argent, il s'appelle le blessé... C'est tout ce qu'il me faut.

— Il doit être bien reconnaissant de ce que vous faites pour lui ?

— Reconnaissant !.. Peut-être oui, peut-être non. Mon père avait tout fait pour ma mère, et cependant... Mais je ne veux plus parler de cela. Allez, madame, la reconnaissance est une denrée plus rare que l'or. Il faut faire le bien sans la chercher.

— En attendant, vous travaillez à la place de cet homme et pour lui ?

— Sans doute, puisque j'en ai fait le marché. J'aurais bien pu l'aider un peu de mes petites rentes en restant les bras croisés à ne rien faire : j'aime mieux l'aider tout à fait avec mon travail en me donnant du mal. Autrement je lui ferais l'aumône. L'aumône peut humilier le travailleur, et il faut toujours respecter la fierté des autres. Il ne sait pas que j'ai acheté sa barque, il croit me la louer à moi son fermier ; comme cela, çà va tout seul. Et je gagne à ce marché une bonne conduite, la paix de ma conscience, l'estime de moi-même, et l'accomplissement de mon devoir d'utilité sur la terre ; tout cela sans compter la joie de remplacer un père de famille. Vous voyez que je ne suis pas le plus mal partagé, et que tout au contraire j'ai le gros lot.

— En sorte que vous donnez au blessé tout ce que vous gagnez, sans rien amasser pour vous ?

— Amasser ! répliqua Philippe en riant ; oui certes, j'amasse, et j'amasse un vrai trésor, allez. Un trésor placé à de fameux intérêts et que je ne peux pas perdre. C'est, comme je vous le dis, la joie d'être utile aux autres et de leur faire du bien. Il y en a beaucoup dans notre classe qui connaissent cette joie-là. Je sais un ouvrier, père de famille de dix enfants, qui n'a pas eu peur d'adopter encore un orphelin ; et il n'est pas le seul. Aider les autres ! mais c'est quelquefois le seul bonheur du pauvre. Quant à l'argent, pourquoi en amasserai-je ? pour le garder comme un lâche avare ? Mais si je ne m'en sers point, c'est tout juste comme si je ne l'avais pas. Pour le placer ? A quoi bon ! je n'ai pas de famille, et ce que j'ai me suffit. Je vis avec la pension de ma croix, parce que c'est la paie de mon sang qui devait aller dans la poche de mon père. La rente qui me vient de Mantes-la-Ville, et le *pas grand chose* que je gagne avec *la Belle-Jenny* c'est mon fermage qui met à l'aise le blessé, sa femme et sa petite famille. Il est tranquille, eux sont contents et bien nourris ; et moi, je me figure que je travaille pour ma femme et mes enfants ; ou bien que le camarade est mon frère...

Que voulez-vous? c'est mon idée, quoi! Lorsqu'on n'a personne à aimer et que personne ne vous aime, il faut bien se tromper un peu et se conter tout plein de choses pour chasser le chagrin.

— Et si le blessé meurt? ou s'il n'est plus jamais en état de gagner sa vie, il restera donc lui et les siens à votre charge?

— Pourquoi pas?... Le métier est pénible, c'est vrai; dans le commencement, les bras me faisaient mal et le dos aussi, tout comme si on me les arrachait; j'ai pris plus d'un bain forcé en tombant maladroitement dans la rivière, et deux fois j'ai manqué y rester; mais l'habitude est prise maintenant; l'affaire est faite, je suis batelier. Ce n'est pas moi qui ai choisi le métier, sans quoi je serais resté charron, comme mon père; ça s'est présenté comme cela. Je suis jeune encore, j'ai de bons bras, je travaillerai pour eux jusqu'à la fin.

— Mais s'il guérit, s'il n'a pas besoin de vous?

— Je ferai la même chose pour d'autres; j'y ai pris goût, et il ne manque pas de pauvres pères de famille à l'hôpital.

— Vous êtes un brave homme, Philippe, reprit ma femme avec émotion. Ne croyez pas et ne dites jamais plus que personne ne vous aime ; cela n'est pas vrai, puisque je vous aime, moi.

— Ah ! madame, quelle parole ! répondit le batelier, tout ému.

— Vous ne vous connaissez pas vous-même, Philippe, continua ma femme d'un air grave. Pourquoi votre croix d'honneur n'est-elle pas sur votre poitrine ?

— Elle est chez le notaire avec mon testament, répliqua Philippe en baissant les yeux ; je l'ai souillée, je ne suis plus digne de la porter, mais elle sera enterrée avec moi.

A cette modeste réponse de Philippe, ma femme me regarda ; je compris sa pensée. Je détachai le ruban rouge et la petite croix d'honneur qui pendaient à ma boutonnière ; ma femme les prit.

— Écoutez-moi, Philippe, dit-elle avec solennité, et retenez bien mes paroles... La faute d'un jour ne déshonore pas toute une vie, surtout quand cette vie est semblable à la vôtre ; c'est pourquoi, moi, votre amie, au nom de tous les gens de bien, au nom de votre père lui-même, je replace cette croix sur votre noble cœur, afin qu'elle y reste toujours ; nul autre, plus que vous, n'est digne de la porter.

En parlant ainsi, ma femme attacha le ruban et la croix sur la poitrine de Philippe. Deux grosses larmes tombèrent des yeux de cet homme si simplement vertueux ; il voulut parler, il ne put que saisir et baiser les mains de ma femme et la croix ; puis troublé, étouffé, il se détourna en cachant sa figure entre ses mains.

Pendant cette petite scène, notre bateau, laissé à lui-même, avait pris le fil du courant et s'en allait à la dérive. Une voix forte, qui nous hélait du rivage, nous rendit attentifs. Philippe releva la tête ; nous vîmes, de l'autre côté de la rivière, au bord de l'eau, un groupe de plusieurs personnes, au milieu desquelles se détachait en avant des autres un homme qui faisait de grands cris, de grands gestes, en sautillant sur une jambe de bois.

— C'est un estropié, dit Philippe ; il nous appelle. Il va peut-être à Gassicourt, et veut passer l'eau pour abréger.

— Eh bien ! répondit ma femme, allons le prendre, nous le passerons.

Philippe rama vers lui vigoureusement. A mesure que nous approchions, l'estropié s'agitait de plus en plus et poussait des cris auxquels nous ne pouvions rien comprendre.

A peine le bateau touchait-il la terre, que cet homme, malgré sa jambe de bois et quoique par-dessus le marché il fût manchot, attrape lestement le bordage, se précipite dans la barque, et avec son unique bras se pend au cou de Philippe en s'écriant d'une voix étranglée :

— Te voilà donc, notre sauveur ! notre ami ! notre frère ! te voilà ! c'est bien toi !... Je t'ai reconnu tout de suite, toi et *la Belle-Jenny*... et, le jour d'aujourd'hui est le plus beau jour de ma vie.

Avec ces exclamations, accompagnées de bien d'autres plus énergiques, le manchot serrait Philippe contre sa poitrine en l'embrassant à l'étouffer.

Il ne le lâcha que pour se tourner vers

sa femme, restée sur la rive. Il la tira dans le bateau, pâle et souriante à travers ses larmes. Quatre enfants frais et roses, comme une couvée de jeunes canetons, suivirent leur mère. Le manchot les prit, et les campa, l'un après l'autre, droits et alignés en tuyaux d'orgue, devant Philippe, dont tout le corps tremblait.

— Regardez bien, leur dit-il, la figure de cet honnête homme, qui est notre sauveur à tous ; regardez-le de tous vos yeux, enfants, et ne l'oubliez jamais tel que le voilà devant nous. Voyez ! il est pâle comme s'il venait de commettre un grand crime ; mais ne vous y trompez pas, c'est la vertu toute pure qui reluit en pâleur sur son front. Il y a des larmes dans ses grands yeux noirs ; c'est la joie de voir les heureux qu'il a faits qui lui remonte du cœur. Il détourne sa tête, qui dépasse toutes les nôtres comme celle d'un dieu ; il cache le tremblement de ses lèvres, qui, j'en suis sûr, n'ont jamais menti ; il ferme de toute sa force ses poings robustes, qui ont si bien travaillé pour nous ; on dirait presque qu'il est en colère. Mais n'ayez pas peur, enfants, c'est qu'il se retient de vous embrasser, et s'il n'a pas encore osé me regarder en face, s'il baisse les yeux devant moi comme une jeune fille honteuse, certes, ce n'est pas l'embarras d'une mauvaise conscience. car voyez ce ruban rouge et cette croix qui brille sur sa poitrine. Découvrez vos têtes, enfants ! ce ruban, cette croix, c'est la glorieuse étoile des braves que tout bon Français salue quand il la rencontre. Et, j'en réponds, celui-ci l'a méritée, bien méritée, et plutôt deux fois qu'une... Regardez donc bien cet homme, enfants ! ne l'oubliez jamais ; gravez dans votre mémoire ses traits à côté de ses vertus, afin de vous en souvenir, de le respecter, de l'aimer, de l'imiter si vous pouvez, et de prier Dieu pour lui tous les jours de votre vie, si vous voulez être bénis du ciel et de votre père.

Cela dit, le manchot s'essuya les yeux, et jeta sa femme, pêle-mêle avec ses quatre enfants, dans les bras de Philippe, tombé assis sur la huche, à moitié évanoui d'émotion.

Vous avez bien deviné de suite comme nous, lecteur, que ce manchot à jambe de bois était le blessé de Rouen,

— A ma sortie de l'hôpital , dit-il à notre batelier quand il se fut un peu calmé, je t'ai attendu bien des jours sur le quai , toi et *la Belle-Jenny,* sans vous voir venir. Quand les camarades m'ont dit que vous étiez passés tous deux en amont de la rivière, nous sommes partis pour te chercher.

Car il faut que vous sachiez , monsieur et madame, ajouta le manchot en se tournant de notre côté, que ce frère de mon cœur est venu près de moi comme le bon Dieu dans un moment où la mort me tenait par un bras, par une jambe et par le cœur, et que lui, qui nous était était aussi inconnu que les côtes d'Amérique au bordage de *la Belle-Jenny ,* et qui à l'heure d'à présent est devenu notre chair et notre sang, ni plus ni moins que s'il était né de la même mère que moi ou ma femme, il nous a fièrement bien sauvés , mes quatre enfants, ma femme et moi , aussi véritablement que s'il nous eût tous tirés du fond de la rivière, où par supposition le diable nous aurait jetés avec une pierre au cou.

—J'ai fait mon devoir, et c'est tout simple,

dit Philippe, retrouvant enfin la parole et en serrant cordialement la main du manchot, je suis votre fermier.

— Ton devoir, dis-tu! cria celui-ci, ton devoir! toi, mon fermier!... va te promener! tu me fais bien plutôt l'effet d'être un prince déguisé. Est-ce que je ne sais pas bien ce que peut rapporter *la Belle-Jenny* en travaillant ferme? Quand j'étais au complet de mes membres, je te valais quasiment pour la force et l'ouvrage, et bien sûr pourtant, nous ne mangions pas du pain blanc tous les jours. Envisage-moi un peu la mine de ces enfants, frère! vois leurs belles couleurs rouges, leurs bonnes grosses joues pleines et rebondies comme celles des chérubins du maître-autel de chez nous! vois ma femme, qui a repris aussi ses couleurs et sa gaieté de quinze ans! Avec quoi donc que tu m'as nourri si bien tout ce monde pendant qu'à l'hôpital ils m'avariaient comme me voilà? avec quoi que tu nous as faits riches et nous as mis le corps en santé, l'esprit en repos et le cœur en joie, tandis que nous devions tous mourir, eux de misère, moi de chagrin? Tu ne vas pas me conter des blagues peut-être, comme si tu ne voulais pas de notre reconnaissance ni que nous t'aimions comme un des nôtres... Tant y a que, prince ou fermier, t'es dans mon cœur, toi et les tiens, à la vie, à la mort, jusqu'à la dernière génération. C'est pour te dire cela que je suis venu, et puis encore pour te dire autre chose... Me v'là guéri, et j'ai un autre état. Un brave et digne homme que tu verras chez nous, j'espère, m'a fait nommer gardien d'un pont de la société des ponts réunis ; c'est agréable pour moi, je ne quitte pas la rivière et ça me tire d'affaire avec toute ma nichée. Par ainsi, naturellement tu as un chez toi chez moi, avec la meilleure place au feu, à la table et à la chandelle, avec le respect et l'amitié de chacun quand tu voudras les prendre. Les enfants ont mes ordres là-dessus pour le cas où je partirais pour le grand voyage avant toi. Mais je ne peux plus me servir de *la Belle-Jenny,* et je ne veux pas la vendre ; elle a appartenu à mon père, c'est avec elle qu'il nous a élevés ; si je la vendais, je croirais vendre un de mes enfants. Faut qu'elle aille à un ami. C'est pourquoi, frère, pour te dire l'affaire sans tant de paroles, comme c'est une chose que moi et ma femme, et aussi les enfants, nous aimons tous, si tu voulais bien me le permettre, je voudrais bien te la donner.

— J'accepte, se hâta de dire Philippe avec une admirable délicatesse, pendant que la femme du marinier cherchait sa main pour la serrer dans une muette action de grâces. Et, ajouta Philippe, je la garderai toujours comme le don d'un frère, sans m'en dessaisir jamais.

— Si t'es-*t*-un prince, reprit le blessé, tu la feras repeindre et cheviller à neuf ; elle en a besoin. Si t'es-*t*-un ouvrier, elle te fera gagner ta vie ; car, aussi vrai que je m'appelle Jean-Colombe-François Navier, la bénédiction de Dieu est sur elle... Là-dessus, viens-t'en manger une matelote avec nous ; et, continua le brave homme en nous adressant un salut, amène sans façon monsieur et madame, si le cœur leur en dit.

Comme vous pouvez le croire, lecteur, nous acceptâmes cette cordiale invitation et nous allâmes de bon cœur manger la matelotte.

— Et qu'allez-vous faire à présent ? demandâmes-nous le lendemain à Philippe.

— Je vais en chercher un autre à sauver, répondit-il.

Il n'y manqua point.

C'est encore de la sorte que Philippe passe sa vie, travaillant avec courage pour ses frères, et les aidant à la sueur de son front.

Telle est la charité véritable. De même que la foi sans les œuvres est une foi morte, la charité sans l'emploi ou le sacrifice de soi-même est une vertu stérile.

Chacun, dans notre sphère et selon nos moyens, faisons comme le bon batelier. Aux dépens de nos aises, de nos goûts, et, s'il le faut, par notre travail, de tout notre pouvoir enfin, aidons, secourons nos frères, et pratiquons la charité véritable.

CLÉMENT D'ELBHE.

M. ANDRAL (Paul.)
ARNAUD, de l'Ariége, représ. du P.
AUBIAT (le docteur), inspecteur
    général de 1re classe des prisons.
AUBERT-HIX, professeur au lycée
    Descartes.
BARBIER (Auguste).
BAUCHART (Quentin), représ. du P.
BERGER, représentant du Peuple,
    préfet de la Seine.
De BERVANGER, supérieur-fonda-
    teur de l'œuvre de Saint-Nicolas.
De BEAUMONT (G.), représ. du P.
BLANCHE, conseiller de Préfecture
    de la Seine.
De BRETIGNÈRES DE COURTEILLES,
    fondateur de Mettray.
COQUEREL (A.), représent. du P.
De CORCELLES, représ. du Peuple.
COUSIN, membre de l'Institut.
DORÉ, fondateur de l'institution
    [illegible] pour les ou[illegible]
    [illegible]bourg St-Marceau
    [illegible] ancien [illegible]
    Peuple.

M. FELMANN, chef de bureau au mi-
    nistère de la Guerre.
GILLON (P.), représ. du Peuple.
GRUN, rédacteur en Chef du Mo-
    niteur.
GUIBOUT (Léon), avocat à la Cour
    d'appel de Paris.
GUÉRIN-MÉNEVILLE, membre de
    la Société d'agriculture.
GUICHARD, ancien représ. du P.
JEANRON, directeur général des Mu-
    sées nationaux.
JOMARD, membre de l'Institut.
LAFERRIÈRE, inspecteur général de
    l'ordre du Droit.
De LASTEYRIE (J.); représ. du P.
LECLERC (Louis).
LE MAOUT, prof. d'Hist. naturelle.
LUCAS, aide-naturaliste au Muséum
    d'Histoire naturelle.
MADE (A.), professeur d'Hist. de la
    Faculté des Lettres de Grenoble.
De M[illegible], président du [illegible]
    [illegible]

M. MIMEREL (A.), président du Con-
    seil général des manufactures.
MORICEAU, avocat à la Cour d'appel.
OUDINOT (le général), représen-
    tant du Peuple.
PEREIRE (Isaac), administrateur du
    chemin de fer du Nord.
PILLET (Gustave), chef de division
    au minist. de l'instruct. publique.
SAINT-MARC GIRARDIN, membre de
    l'Institut.
SAY (Horace), conseiller d'État.
SEVIN, avocat général à la Cour de
    cassation.
SISOUR (l'abbé), vicaire général du
    diocèse de Paris, archidiacre de
    Notre-Dame.
De TOCQUEVILLE (Alexis), repré-
    sentant du Peuple.
TOURNEUX, chef [illegible]
    ministère des Finances [illegible]